Francesca Pagliara

# Orientações para a avaliação de projectos ferroviários

Francesca Pagliara

# Orientações para a avaliação de projectos ferroviários

ScienciaScripts

**Imprint**



Cover image: www.ingimage.com

This book is a translation from the original published under ISBN 978-3-659-82840-9.

Publisher:
Sciencia Scripts
is a trademark of
Dodo Books Indian Ocean Ltd. and OmniScriptum S.R.L publishing group

120 High Road, East Finchley, London, N2 9ED, United Kingdom
Str. Armeneasca 28/1, office 1, Chisinau MD-2012, Republic of Moldova, Europe
Printed at: see last page
**ISBN: 978-620-8-20263-7**

# PREÂMBULO

A ideia para este livro resulta do meu papel como professor e como investigador no domínio dos sistemas de transporte. Há cerca de 10 anos que lecciono na Universidade Federico II de Nápoles uma disciplina intitulada Tecnologias dos Sistemas de Transportes e o sistema ferroviário representa um terço do programa. Este livro destina-se a todos os estudantes de mestrado e doutoramento envolvidos na análise do sistema ferroviário de um ponto de vista económico, bem como a proprietários e operadores de infra-estruturas, empresas de construção, financiadores de projectos ferroviários, fornecedores que entram no sector, empresas que procuram crescer e advogados que lidam com demasiados números!

Porquê os caminhos-de-ferro? O objetivo último do planeamento prospetivo do nosso ambiente social deve ser a preservação de recursos suficientes para as gerações futuras sem pôr em risco o presente. Estes recursos incluem o poder económico, a qualidade ambiental e a justiça social, ou seja, os três pilares gerais do desenvolvimento sustentável, tal como definidos no relatório *"O nosso futuro comum"*. Este último é também conhecido como o *Relatório Brundtland* da Comissão Mundial das Nações Unidas para o Ambiente e o Desenvolvimento, de 1987. O transporte ferroviário tem benefícios ambientais, económicos e sociais. A promoção de uma maior quota de mercado para o transporte ferroviário não é um objetivo em si, mas um elemento-chave para melhorar a sustentabilidade do sistema global de transportes. O documento do projeto de investigação LivingRAIL, cofinanciado pelo 7º Programa de Investigação em IDT da Comissão Europeia, identifica onze boas razões para investir no transporte ferroviário (www.livingrail.eu/why-rail).

1. O transporte ferroviário é movido a eletricidade e reduz a dependência do petróleo. O sector dos transportes é responsável por mais de 70 % do consumo total de petróleo na União Europeia. A redução desta dependência é muito importante para garantir o aprovisionamento energético. O transporte elétrico já é uma realidade no sistema ferroviário.

2. O transporte ferroviário é bom para a proteção do clima. Devido à menor resistência ao rolamento do sistema roda-carril, o transporte ferroviário é mais eficiente em termos energéticos do que os pneus de borracha no asfalto. Uma vez que a emissão de dióxido de carbono, gás com efeito de estufa, está diretamente ligada ao consumo de energia e à fonte de energia, o transporte ferroviário contribui ativamente para a proteção do

clima.

3. O transporte ferroviário é indispensável para a economia. A economia necessita de uma infraestrutura ferroviária eficiente porque as estradas não conseguem fazer face ao volume de tráfego na Europa. Os processos económicos globais também beneficiam do facto de o transporte de mercadorias a longas distâncias ser um dos grandes pontos fortes do transporte ferroviário de mercadorias.

4. O transporte ferroviário cria postos de trabalho. A indústria de fornecimento de material ferroviário exporta com êxito os seus produtos e é um dos líderes do mercado mundial.

5. O transporte ferroviário é um importante fator de localização. A proximidade dos transportes públicos é um fator importante para as empresas quando escolhem uma localização. Esta vantagem de localização torna-se mais importante com cada aumento dos preços dos combustíveis, uma vez que o transporte ferroviário é mais eficiente em termos energéticos do que o transporte rodoviário. Também beneficia os trabalhadores pendulares, uma vez que bons serviços de transportes públicos garantem que a deslocação para o trabalho continua a ser acessível.

6. O transporte ferroviário é um modo de transporte seguro. Viajar de comboio é mais seguro do que de automóvel. A segurança dos transportes é, por conseguinte, mais um contributo do caminho de ferro para o bem comum. No transporte de mercadorias, o caminho de ferro é muitas vezes mais seguro do que a estrada, razão pela qual muitos tipos de mercadorias perigosas só podem ser transportados por caminho de ferro.

7. O transporte ferroviário poupa dinheiro à sociedade. O sistema de transporte ferroviário, seguro e respeitador do ambiente, gera apenas uma fração dos custos externos do transporte rodoviário. Estes custos ocultos são danos consequentes causados diretamente pelos utentes da estrada, mas que são pagos pelas contribuições para os seguros de saúde e pelos contribuintes e que devem também ser suportados em parte pelos futuros utentes da estrada.

   gerações. Os custos externos do transporte rodoviário são mais de quatro vezes superiores aos do transporte ferroviário no transporte de passageiros e mais de seis vezes superiores aos do transporte de mercadorias, medidos em termos de desempenho do transporte. Os custos externos dos transportes na Europa ascendem a 510 mil milhões de euros por ano.

8. O transporte ferroviário permite a deslocação de pessoas. Qualquer pessoa pode viajar de comboio. O transporte ferroviário permite a mobilidade das pessoas e garante a participação de todos na sociedade, independentemente da idade e do rendimento.

9. O transporte ferroviário contribui para uma vida saudável. Ao caminharem até à estação ou ao mudarem de comboio, os viajantes ferroviários são mais activos e saudáveis.

10. O transporte ferroviário regional poupa espaço e alivia a pressão sobre as estradas. Os centros urbanos continuam a crescer. Nas regiões rurais, o caminho de ferro constitui a espinha dorsal dos transportes públicos. Ao mesmo tempo, o caminho de ferro é o meio de transporte ideal para satisfazer a procura crescente de serviços de transporte nas cidades. Por esta razão, cada vez mais centros urbanos estão a investir no transporte ferroviário para evitar engarrafamentos no futuro.

11. O transporte ferroviário garante uma melhor qualidade de vida. Boas ligações ferroviárias significam mais flexibilidade na escolha do meio de transporte. Não é por acaso que os preços dos imóveis são mais elevados quando existe uma estação de S-Bahn nas proximidades, uma vez que isso permite poupar tempo e dinheiro. A possibilidade de ir de comboio para a escola, para o lazer ou para fazer compras é um fator importante para a mobilidade, a independência e a qualidade de vida em geral.

Com base nesta premissa, o objetivo deste pequeno manuscrito, composto por cinco capítulos, é fornecer orientações para o processo de avaliação das pistas de projeto.

O Capítulo 1 trata do envolvimento das partes interessadas (SE), que é um pré-requisito indispensável para qualquer processo de tomada de decisão. São apresentados dois exemplos que mostram duas experiências diferentes de SE em investimentos ferroviários de alta velocidade.

O capítulo 2 trata dos custos e receitas do transporte ferroviário. O capítulo 3 apresenta a análise económica e financeira, bem como os indicadores correspondentes. O capítulo 4 trata dos riscos associados aos investimentos no sistema ferroviário.

# CAPÍTULO 1 - PARTICIPAÇÃO DAS PARTES INTERESSADAS: UMA CONDIÇÃO PRÉVIA ESSENCIAL PARA O PROCESSO DE DECISÃO

**Resumo**

O envolvimento das partes interessadas é o processo de inclusão das necessidades das pessoas afectadas no processo de tomada de decisões, com o objetivo de o tornar tão transparente quanto possível. No planeamento dos transportes e na conceção das infra-estruturas, as partes interessadas não foram muitas vezes envolvidas ao longo do projeto, o que levou a uma resistência sob a forma de uma utilização indesejada do solo local. Este capítulo sublinha que só um bom envolvimento pode levar a que as infra-estruturas de transportes em grande escala, como os novos sistemas ferroviários de alta velocidade, sejam amplamente aceites pelo público. O estudo de caso da nova linha ferroviária que liga Perpignan a Montpellier, em França, é citado como um bom exemplo desta prática.

**Palavras-chave**: *Envolvimento das partes interessadas; sistemas ferroviários; LULU; linha Perpignan-Montpellier; linha Turim-Lyon*

## 1.1 Introdução

O envolvimento das partes interessadas (SE) é muito importante para projectos com interações extensas com a sociedade. Nesses projectos, a SE pode, portanto, ter a mesma importância que a inclusão dos riscos. As duas áreas de envolvimento têm muito em comum: a gestão das partes interessadas é normalmente praticada para gerir os riscos e, inversamente, uma grande parte dos riscos está associada às partes interessadas. O sucesso da implementação da ES depende de uma comunicação efectiva com todos os grupos de partes interessadas. O PMI (2004) define uma parte interessada como "*uma pessoa ou organização (por exemplo, cliente, patrocinador, organização executora ou o público) ativamente envolvida ou cujos interesses podem ser positiva ou negativamente afectados pela execução ou conclusão do projeto. Uma parte interessada pode também exercer influência sobre o projeto e os seus resultados*". Olander e Landin (2005) mostraram como os projectos de infra-estruturas ferroviárias podem sofrer atrasos dramáticos se as partes interessadas externas não forem compreendidas e geridas, e os estudos mostram que lidar com as partes interessadas externas é considerado uma condição sine qua non para o êxito do projeto (Karlsen, 1998). No entanto, estes estudos centram-se nas partes interessadas externas. Também é importante compreender e gerir a forma como as partes interessadas internas da organização afectam um projeto e pode ser um grande desafio geri-las (Cleland, 1986). Uma boa comunicação com as partes interessadas é uma parte essencial da gestão das partes interessadas. Como referem Scholes e Clutterbuck (1998): "*A questão para o conselho de administração e para aqueles que o aconselham em matéria de estratégia e planeamento da comunicação não é, hoje em dia, comunicar com este ou aquele grupo de partes interessadas, mas como gerir a comunicação entre os grupos de partes interessadas.*" O desenvolvimento de um plano ou estratégia de comunicação é uma das etapas de uma análise das partes interessadas (Karlsen, 2001). No "A Guide to the project management body of knowledge" do PMI (2004), a gestão das partes interessadas é descrita como parte da "Gestão da Comunicação do Projeto". Limitar os conflitos a um nível razoável é geralmente considerado como um dos factores de sucesso dos projectos. Neste caso, "razoável" deve ser entendido/descrito como "gerível" e "útil/produtivo". Enquanto alguns autores sublinham a necessidade de consenso e de controlo (Dess, 1987; Price e Cybulski, 2004), outros recordam a necessidade de conflitos criativos (Cosier e Schwenk, 1990). Cosier e Schwenk sublinham que as grandes empresas em ambientes de incerteza devem incentivar o "conflito estruturado" nos seus processos de tomada de decisão. Os conflitos surgem quando duas ou mais partes interessadas num projeto, que têm influência sobre a mesma decisão, favorecem resultados diferentes da decisão. Morgan (1986) é ainda mais sucinto: "O conflito surge sempre que os interesses colidem." O que é normalmente considerado como "conflito" numa organização é mais frequentemente descrito como um constrangimento ou uma situação competitiva nos modelos de conflito existentes na literatura. Isto descreve uma atitude em que cada participante no conflito se esforça por satisfazer os seus próprios interesses e ignora os da outra parte. Os conflitos entre actores devido a diferentes prioridades têm várias razões (Morgan, 1986), incluindo as seguintes:

- Como são tomadas as decisões, quem está envolvido e quem tem a maior influência.
- As diferentes partes interessadas têm objectivos diferentes para o projeto.
- Distribuição de recursos, concorrência por recursos escassos.

Um exemplo do conflito atual é a síndrome LULU (Locally-Unwanted-Land-Uses). Como é que as síndromes LULU ou NIMBY (Not In My Back Yard) ou NIMTOO (Not In My Term Of Office) podem ser evitadas para o sucesso de um projeto? O processo de incorporação das preocupações, necessidades e valores das partes interessadas no processo de tomada de decisões sobre transportes (Kelly et al., 2004) proporciona um mecanismo de partilha de informações. Encorajar a interação das partes interessadas com os decisores oficiais e a equipa do projeto de transportes (Cascetta e Pagliara, 2013; 2015) pode ajudar a alcançar um processo de tomada de decisão transparente.As partes interessadas podem ser classificadas em quatro grandes categorias: Instituições/autoridades, sindicatos e associações empresariais, operadores de transportes, comunidades locais e instituições financeiras (ver Tabela 1.1).

**Quadro 1.1** Classificação das partes interessadas

| Institutions and Authorities | Users | Transport operators | Business and Unions | Local communities | Media | Financial institutions |
|---|---|---|---|---|---|---|
| European Union | Direct users (passengers) | Transport operators | National and local Industry associations | Transport users associations | TV station | Banks |
| National government and authorities | Direct users (freights) | Transport operator associations | National and local trade unions | Local interest groups (e.g. borough associations) | Radio station | Funds |
| National parliament | Indirect users (passengers) | Consultants | National and local craft unions | Environmental associations | Newspapers | Insurances |
| Regional governments and authorities | Indirect users (freights) | | Retailers associations | Citizens | | |
| Regional transport authority | | | Industry in public works | Visitors | | |
| Local authorities (Provinces and Municipalities) | | | Industry in vehicles production | | | |
| Political parties and single members | | | Industry in technology production | | | |

*Fonte: Cascetta e Pagliara (2013; 2015)*

## 1.2 Instrumentos de participação

As ferramentas de envolvimento das partes interessadas têm como objetivo fornecer orientações sobre como envolver as partes interessadas no processo de tomada de decisão para encontrar uma solução aceitável para um problema de transportes. As ferramentas oferecem diferentes alternativas para a participação e a maioria pode ser utilizada individualmente ou como uma série de exercícios para grupos maiores ou projectos controversos. A seleção do método mais eficaz de envolvimento é fundamental para o sucesso de todo o processo de envolvimento. A utilização de técnicas inadequadas pode não só conduzir a maus resultados, mas também criar barreiras desnecessárias ao projeto como um todo, se parecer que os decisores são selectivos sobre quem ou como envolvem (Cascetta et al., 2015). Podem ser utilizadas diferentes técnicas para envolver as pessoas no processo. A utilização de mais do que uma técnica pode aumentar a probabilidade de obter uma resposta mais representativa. Deve ser feita uma escolha adequada em cada situação e o público pode ser informado através de material informativo impresso (ver Quadro 1.2).

**Quadro 1.2** Alguns instrumentos de compromisso

| PE TOOLS | PE LEVELS | | | | |
|---|---|---|---|---|---|
| | STAKE-HOLDERS IDENTIFI-CATION | LISTENING AND STAKEHOLDERS MANAGEMENT | INFORMATION COMMUNICATION AND CONSULTING | INFORMA-TION COMMUNICA-TION | CONSULTING AND PARTICIPATION |
| *Printed material* | | | | | |
| Letter | | | xxx | | |
| Poster | | | xxx | | |
| Brochure and Newsletter | | | xxx | | |
| Technical reports | | | xxx | | |
| *Telephone and media* | | | | | |
| Telephone | | xx | xx | | xx |
| Radio and TV shows | | xx | xxx | | |
| *Internet* | | | | | |
| Internet sites | | | xxx | | xx |
| Forum/Chat | xx | xx | xxx | xx | xx |
| *Surveys* | | | | | |
| Questionnaire | | xx | | xxx | |
| Direct surveys | xxx | xxx | | xx | |
| *Information events* | | | | | |
| Exhibition | | | xxx | | |
| Public meetings | xx | xxx | xxx | | |
| *Stakeholders group engagement* | | | | | |
| Focus group | | xxx | | xxxx | |
| Technical tables | | xxx | | xxxx | |
| *Wilder stakeholders group engagement* | | | | | |
| Stakeholders conference | | xxxx | xxx | xx | xxx |
| Citizens' Jury | | | | | xxx |
| Referendum | | | | | xxx |

*Fonte: Cascetta e Pagliara (2013; 2015)*

Cartas, cartazes, brochuras, boletins informativos e relatórios técnicos fazem parte deste tipo de ferramenta de educação sexual; a sua utilização depende da informação a comunicar, das razões para a produção do documento e do público-alvo.

As técnicas telefónicas e de comunicação social podem ser úteis como parte de uma estratégia de participação para fornecer informações e apoio, bem como para obter contributos e feedback. Oferecem uma alternativa ao contacto presencial e aos meios de comunicação impressos e podem ser uma forma eficaz de comunicar mensagens-chave sobre o processo de decisão em matéria de transportes, os progressos realizados até à data e as actividades de participação.

Os sítios Web podem fornecer às partes interessadas informações actualizadas sobre um projeto, tópico ou evento e dar-lhes a oportunidade de darem a sua opinião através de inquéritos em linha. Os inquéritos individuais podem ser utilizados para recolher opiniões e respostas pormenorizadas de um vasto leque de partes interessadas. Os participantes têm a oportunidade de exprimir os seus pontos de vista e preocupações sem serem pressionados. A participação de grupos selecionados de partes interessadas, como um grupo de peritos, através de visitas de estudo, seminários de grupos de reflexão e reuniões técnicas, pode dar um contributo valioso para o processo de tomada de decisões. Este tipo de instrumento inclui formas mais estruturadas de participação, como as sondagens deliberativas e os júris de cidadãos (www.peopleandparticipation.net). *Os júris de cidadãos* são constituídos por um pequeno painel de não especialistas, segundo o modelo da estrutura de um júri de penas. O grupo tem a tarefa de examinar em pormenor uma questão de importância pública e emitir um "juízo". Um júri de cidadãos (CJ) proporciona um cenário independente para que os membros do público examinem e discutam uma questão de importância política pública e façam um "julgamento" sobre essa questão. A sondagem deliberativa foi desenvolvida por investigadores norte-americanos para ultrapassar os resultados frequentemente desinformados e voláteis das sondagens de opinião. Mede o que o público pensaria sobre uma questão se tivesse uma oportunidade razoável para refletir sobre as questões em jogo. O LATTS (Laboratoire Techniques Territoriales et Sociales) e a École Doctorale Université Paris-Est (LVMT) estão a organizar uma série de workshops e seminários para explorar o potencial das estações e das políticas ferroviárias para organizar configurações espaciais eficientes no território e as questões sociais daí resultantes. O primeiro domínio diz respeito à natureza física das estações, à sua organização interna, à sua integração nas operações urbanas e às funções das estações (informação, comércio, etc.). O segundo domínio diz respeito ao sentido e ao alcance das transformações da estação ferroviária e da mobilidade no campo dos estudos urbanos: o desafio consiste em reconhecer de que modo as evoluções que afectam as estações ferroviárias contemporâneas influenciam o modo de produzir e de pensar, o desenvolvimento urbano, a conceção do espaço público, a emergência de uma sociedade metropolitana móvel e conectada, e por um vasto leque de actores (operadores do mundo ferroviário, poderes públicos, promotores e empresários).

### 1.3 O eixo HSR entre Perpignan e Montpellier: um bom exemplo da SE

A nova linha Montpellier-Perpignan, no Sul de França, não só desempenhará um papel estratégico para o desenvolvimento económico, a mobilidade e o transporte ferroviário regional na região de Languedoc-Roussillon, como também fará parte do desenvolvimento da rede transeuropeia de transporte de passageiros e de mercadorias (ver figura 1.1).

**Fig. 1.1** - O itinerário do HSR entre Montpellier e Perpignan no âmbito da rede HSR em França

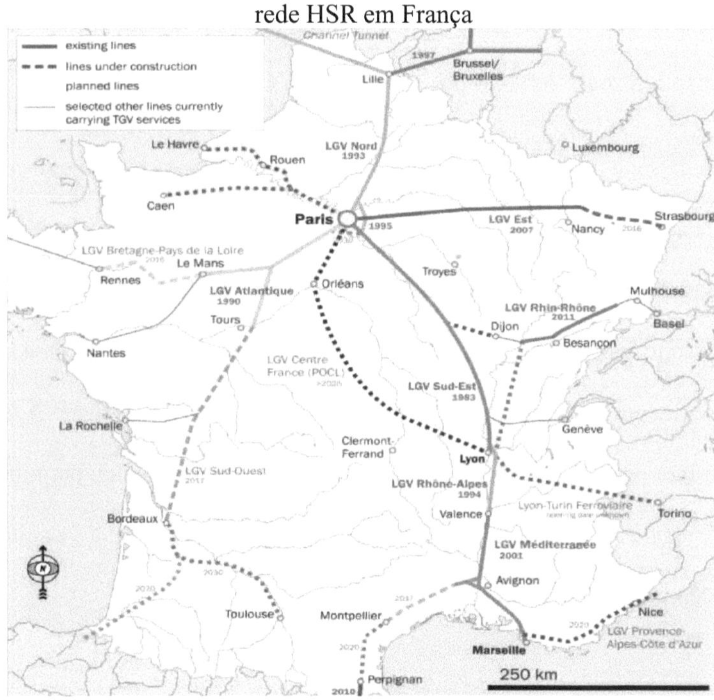


*Fonte:*
*https://en.wikipedia.org/wiki/Contournement_N%C3%AEmes_%E2%80%93_Montpe*

*llier*

O projeto da nova linha Montpellier-Perpignan prevê a criação de uma infraestrutura (www.ligne-montpellier-perpignan.com/pages/demarche- de-concertation):

- destinada ao transporte de passageiros e de mercadorias (linha ferroviária mista) de Montpellier a Béziers e de Rivesaltes a Perpignan (segundo troço ainda não confirmado)
- para os passageiros que viajam de Béziers para Rivesaltes

As figuras-chave do projeto são:

- 155 km de via nova entre Montpellier e Perpignan
- 55 cidades e 3 departamentos atravessados pela nova linha
- 42 milhões de euros para o financiamento de estudos preliminares e a análise dos benefícios públicos

O objetivo desta linha é promover o desenvolvimento económico, cultural e turístico das zonas servidas por comboios mais rápidos.

Além disso, a nova linha contribuirá para o desenvolvimento do transporte de mercadorias como alternativa ao transporte rodoviário na circular Nîmes-Montpellier e no troço internacional Perpignan-Barcelona. Por último, esta linha contribuirá para a criação de uma rede transeuropeia e de uma rede transeuropeia e inter-regional de alta velocidade completa e eficaz. A nova linha fará parte da ligação mediterrânica entre Espanha e Itália, permitindo aos viajantes chegar ao Norte da Europa com comboios de alta velocidade (via Nîmes e Lyon) (ver figura 1.2).

**Fig. 1.2** - O trajeto do HSR entre Perpignan e Montpellier

NEW LINE
**MONTPELLIER-PERPIGNAN**

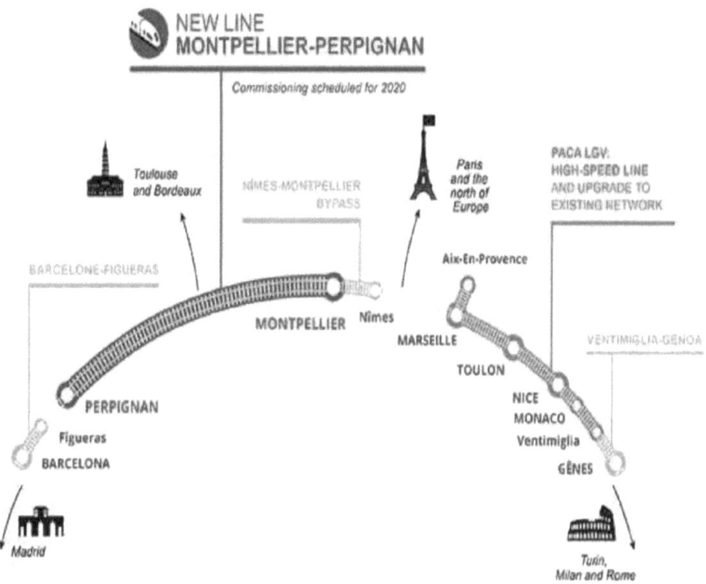


*Fonte: http://www.ligne-montpellier-perpignan.com/pages/demarche-de-concertation*

A empresa francesa SNCF (Société Nationale des Chemins de fer Français), que gere a infraestrutura ferroviária, instaurou um processo de consulta permanente para o projeto Montpellier-Perpignan. Foi proposto um sistema de consulta, de compreensão e de promoção do diálogo entre as diferentes partes interessadas (associações, actores socioeconómicos, cidadãos, etc.) (ver Fig. 1.3).

**Fig. 1.3** - O papel da SNCF

THE ROLE OF **SNCF RÉSEAU**

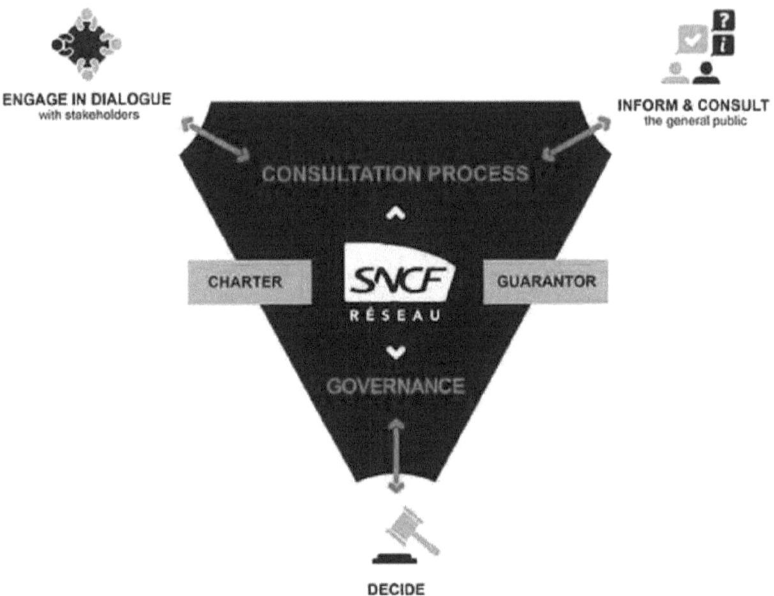


*Fonte: http://www.ligne-montpellier-perpignan.com/pages/demarche-de-concertation*

A SNCF comprometeu-se a seguir uma política nacional de consulta dos projectos ferroviários com as partes interessadas locais, baseada na escuta e no diálogo. Este princípio de consulta pública voluntária é proposto para a nova linha de caminho de ferro de Montpellier-Perpignan.

**O público** será envolvido no desenvolvimento do projeto, a fim de obter a sua opinião sobre os resultados dos estudos preliminares.

Os **escolhidos, que conhecem bem** os bairros, apresentam os seus projectos com o objetivo de os integrar no bairro.

**Associações, associações mistas e organizações qualificadas** dão o seu contributo ambiental e exigem o controlo e a presença da SNCF, também em matéria de hidráulica e de biodiversidade.

**Os actores socioeconómicos** são associados à definição do projeto, nomeadamente no que diz respeito à logística e aos transportes.

**As autoridades públicas** contribuem com o seu quadro metodológico e supervisão para o acompanhamento do projeto.

Os objectivos da SE são:

- **organizar** a divulgação de informações, o diálogo e a troca de pontos de vista;
- para **facilitar** a definição do projeto em relação ao ambiente;
- **assegurar** a coerência entre o projeto e os desafios do ordenamento do território;
- **utilizar o** feedback das partes interessadas ao longo do projeto para o enriquecer;
- **informar a** SNCF das decisões a tomar;
- **informar** regularmente as partes interessadas e o público sobre os estudos avançados, os resultados da consulta e as decisões adoptadas.

A SNCF utiliza diversos meios para informar e consultar o público.

A fim de divulgar amplamente a informação e recolher opiniões sobre o desenvolvimento do projeto, os resultados dos estudos e o diálogo com as partes interessadas sobre as melhorias a introduzir no projeto são disponibilizados através de consultas. Estão disponíveis vários instrumentos para o público, desde estudos a inquéritos públicos: está também disponível um sítio Web do projeto (www.lalignenouvelle.com). Estão disponíveis as seguintes ferramentas: Documentos, tais como relatórios, estudos, etc.; exposições; reuniões públicas.

Os comités consultivos, presididos por um representante do Estado, são compostos por um certo número de representantes eleitos dos colégios locais e dos organismos públicos da zona em causa.

Os órgãos consultivos podem ter discussões aprofundadas com os participantes para beneficiarem do seu conhecimento detalhado do território e dos problemas locais, de modo a apreenderem os elementos do projeto e solicitarem formalmente o seu parecer sobre os estudos e os seminários.

Os seminários contam com a participação de representantes de organizações socioprofissionais (câmaras de comércio, representantes das empresas e da agricultura), associações e federações reconhecidas, instituições e organizações diversas (parques regionais ou autoridades de planeamento urbano) e agências governamentais.

O seu objetivo é criar um quadro de trabalho e de intercâmbio para recolher necessidades, expectativas e comentários sobre as principais questões do projeto, ou questões localizadas que possam servir de base a estudos prévios ao inquérito aos organismos públicos.

Com a "**Charte de la concertation**", a SNCF define os objectivos da consulta, cria os órgãos de consulta e estabelece as regras de participação.

A SNCF compromete-se a respeitar e a aplicar os objectivos, os órgãos e as regras de cooperação definidos na Carta.

A carta destina-se a todos os parceiros e partes interessadas da SNCF que desejem participar no desenvolvimento da nova linha Montpellier-Perpignan.

## 1.4 A linha de alta velocidade Turim-Lyon: uma má prática de SE

No seu segundo Livro Branco sobre os Transportes, de 2001, a UE estabeleceu o objetivo de criar um equilíbrio a longo prazo entre os modos de transporte, expandindo o transporte intermodal, melhorando

reduzir o congestionamento rodoviário e privilegiar a segurança e a qualidade. Este livro apresenta sessenta medidas destinadas a promover modos de transporte alternativos ao automóvel e a concentrar o investimento em projectos relacionados com a Rede Transeuropeia de Transportes (RTE-T).

A ligação Lyon-Turim inscreve-se nestas medidas, uma vez que tem por objetivo facilitar as trocas comerciais e equilibrar o transporte de mercadorias, transferindo uma parte da "carga" da estrada para o caminho de ferro. Além disso, ligará 5000 km de itinerários adicionais, reunindo 250 milhões de cidadãos europeus (Allasio, 2006; Greyl *et al.*, 2009). A ideia é criar uma estrutura que facilite o comércio e reforce a competitividade dos países do Sul da Europa, como a França, Portugal, Espanha e Itália. Esta nova ligação será um contrapeso eficaz ao eixo Reno-Danúbio, nomeadamente no que diz respeito aos novos Estados-Membros da Europa Oriental, e a linha de alta velocidade Lyon-Turim (TAV) estará no centro dos eixos que ligam o Norte e o Sul da Europa (Londres-Amesterdão-Milão) e a Europa Oriental e Ocidental, de Lisboa a Budapeste e, a longo prazo, a Kiev (Corredor n.º 5, um dos projectos prioritários da UE) (ver Fig. 1.4).

**Fig. 1.4** - A ligação Turim-Lyon HSL no âmbito das estratégias RTE-T

*Fonte: http://www.ltf-sas.com/*

O troço Lyon-Turim, com 300 km de extensão, é uma parte essencial deste eixo, cuja construção foi confiada aos operadores ferroviários franceses e italianos.

O projeto da linha ferroviária Lyon-Turim divide-se em três troços: (1) de Lyon a Saint Jean de Maurienne, da responsabilidade exclusiva da RFF, (2) de Saint Jean de Maurienne a Bruzolo Leste, também designado por "troço internacional", da responsabilidade parcial da RFF francesa, e em parte da RFI italiana, e (3) de Bruzolo Leste a Turim, sob a jurisdição exclusiva da RFI (ver Fig. 1.5).

**Fig. 1.5** - Secções da linha de alta velocidade Turim-Lyon

*Fonte: Marincioni e Appiotti (2009 )*

Desde o seu anúncio, no início dos anos 90, tem havido um aceso debate público sobre a real necessidade de tais infra-estruturas e o seu potencial impacto no ambiente. Embora não tenha havido grandes queixas do lado francês, de Lyon a Saint Jean de Maurienne, houve protestos muito fortes a nível internacional, em particular dos habitantes do vale de Susa, em Itália, que se opuseram à continuação dos estudos do LTF no troço Venaus-Bruzolo (Marincioni e Appiotti, 2009). Estes cidadãos e os seus administradores locais (presidentes de câmara e outros eleitos), que não foram envolvidos nos processos de planeamento devido à lei das infra-estruturas estratégicas (lei italiana n.º 443/2001), contestaram a escolha da linha ferroviária

e as diferentes soluções técnicas apresentadas. Estes protestos fizeram parte do movimento comummente designado por "No TAV" (No Treno Alta Velocità/no high-speed train), que se desenvolveu espontaneamente no início dos anos 90, após as primeiras manifestações públicas de apresentação do projeto. Vários protestos públicos com dezenas de milhares de participantes levaram a manifestações, barricadas, bloqueios de estradas e caminhos-de-ferro, greves e, finalmente, a confrontos com as forças policiais. Estes acontecimentos levaram o terceiro governo Berlusconi a criar, em 10 de dezembro de 2005, o "Observatório Ambiental Lyon-Turim", um organismo independente com o objetivo declarado de facilitar o diálogo entre os diferentes intervenientes no projeto da alta velocidade.

O observatório era composto por peritos dos governos nacionais, regionais e locais italianos, dos gestores de infra-estruturas (RFF e RFI) e da LTF. Esta nova abordagem comunicativa inspirou-se no debate público muito harmonioso sobre o comboio de alta velocidade em França. Nesse caso, o governo nacional comunicou desde o início com os governos locais e os residentes cujo território seria afetado pelo caminho de ferro.

A ausência inicial de comunicação direta entre os intervenientes no projeto levou os habitantes do vale de Susa a procurar eles próprios informações sobre a conceção, as caraterísticas técnicas, as alternativas possíveis e, sobretudo, os riscos para o ambiente e a saúde pública associados à construção e à exploração da linha de alta velocidade.

Nenhum movimento TAV apresentou uma série de estudos que demonstrassem que uma nova linha era desnecessária, uma vez que os objectivos do projeto poderiam igualmente ser alcançados através da modernização da linha existente (Boitani et al., 2007). Nenhum dos movimentos TAV solicitou aos promotores a realização de um estudo sobre os custos/benefícios do projeto. Um estudo custo-benefício pertinente que sustenta "cientificamente" o argumento do movimento Não TAV foi finalmente realizado em 2007 por Rémy Prud'homme (Prud'homme, 2007). O seu estudo do túnel principal mostrou que o TAV não era uma alternativa favorável. Admitiu que a capacidade do transporte ferroviário

O transporte rodoviário seria, evidentemente, melhorado, mas isso não significa que diminuísse. O seu estudo questiona se o TAV é realmente uma alternativa eficiente ao transporte rodoviário, mesmo que os comboios sejam mais seguros e tenham menos impacto ambiental.

O estudo teve em conta indicadores socioeconómicos e ambientais (redução da poluição, emissões de CO2, redução do número de acidentes rodoviários) para calcular os benefícios do TAV em comparação com o transporte rodoviário. No total, calculou-se que todos os benefícios ascenderiam a 136,7 milhões de euros por ano, a maior parte dos quais se deve a ganhos económicos (106,7 milhões de euros) decorrentes da poupança de tempo e o restante (29 milhões de euros) a externalidades ambientais evitadas e a um menor número de acidentes. Estes benefícios foram calculados para um período de 45 anos, utilizando uma taxa de desconto de 4% e partindo do princípio de que os volumes de tráfego aumentam 2% por ano.

Os custos do projeto, tanto de investimento como de manutenção, foram estimados. Nos primeiros cinco anos de construção, seriam incorridos 4,16 mil milhões de euros por ano, seguidos de 427 milhões de euros por ano para a exploração da linha. O estudo concluiu que os custos excederiam os benefícios em 25 mil milhões de euros durante um período de 45 anos e concluiu que o projeto não teria sequer coberto os seus custos de infraestrutura e teria criado dívidas e défices para os governos italiano e francês.

O projeto está agora sujeito ao quadro jurídico geral para as infra-estruturas públicas (Lei Merloni n.º 109/1994), que prevê um maior envolvimento da população local e exige avaliações cuidadosas do impacto ambiental nas fases iniciais de planeamento. O Governo italiano está também a considerar a possibilidade de construir uma "primeira fase" de todo o traçado, começando pelas secções mais congestionadas e com apenas um túnel, até que o aumento previsto da procura mostre a necessidade de um segundo túnel. Este clima político mais favorável e a criação do Observatório do Ambiente Lyon-Turim permitiram negociações construtivas e acordos históricos entre os diferentes actores. Embora possa parecer mais um caso de "Not In My Back Yard" (NIMBY) (Hermansson, 2007), o HSR em Susa

O vale é um processo peculiar e complexo que envolve o debate público sobre a gestão ambiental, a perceção do risco, a ecologia política e a mobilização de comunidades locais determinadas a defender o seu território contra uma organização supranacional cada vez mais influente, a União Europeia.

No entanto, se os decisores e os actores institucionais tivessem tido o cuidado de informar e consultar a população local sobre o caminho de ferro numa fase mais precoce, o debate público teria provavelmente sido muito mais descontraído e um processo de 20 anos teria sido encurtado. Em Itália, os protestos continuam, o que levou à interrupção dos trabalhos de escavação. A situação é bastante diferente do lado francês, onde a "cultura de participação do público" é muito forte. Entre maio e junho de 2006, por exemplo, foi realizada uma consulta pública no município de Villarodin-Bourget, em Savoie, centrada na construção do futuro túnel de base e nas operações transfronteiriças (ver figura 1.6).

**Fig. 1.6** - Folheto sobre o inquérito público do lado francês

LIAISON FERROVIAIRE LYON - TURIN

DE SAINT-JEAN DE MAURIENNE À LA FRONTIÈRE FRANCO-ITALIENNE

*Fonte: http://www.ltf-sas.com/*

## 1.5 Algumas preocupações finais

Um modelo participativo de consulta promove a responsabilização democrática dos decisores não apenas de tempos a tempos, por ocasião das eleições, mas de uma forma mais sistemática e direta perante os cidadãos, em vez de receber contributos de várias partes interessadas. A participação efectiva baseia-se no pressuposto de que cada situação diferente exige uma abordagem diferente, utilizando uma nova combinação de instrumentos como parte de um ciclo evolutivo de ação e reflexão por parte das instituições envolvidas. Cada "experiência" de democracia participativa envolve uma combinação única de pessoas e instituições. Por conseguinte, cada método deve selecionar elementos de uma série de abordagens diferentes. A participação é também "política" na medida em que envolve pessoas, poder e conhecimento - todos inerentemente complexos e, em conjunto, uma mistura potente que requer sensibilidade e um planeamento cuidadoso. Embora os processos participativos possam ser reproduzidos da mesma forma que os protocolos científicos, as suas componentes humanas podem ser tão diferentes que concentrar-se em reproduzir o que aconteceu noutro lugar impede muitas vezes a aplicação prática de uma técnica. Este capítulo não recomenda um método perfeito de PE, mas sugere alguns "ingredientes" que resumem alguns princípios de trabalho para tais processos. Os sistemas de RTS representam o presente e o futuro do investimento em transportes e, por conseguinte, é necessário obter o consentimento das partes interessadas antes da construção para evitar síndromas de LULU (Pagliara, 2014).

## Referências


Allasio A (2006) *The High Speed and High capacity railway Turin-Lyon*, relatório disponível em www.notavtorino.org/documenti/allasio-forse-giugno-06- indice.htm

Cascetta E, Papola A, Pagliara F, Marzano V. (2011) Analysis of mobility impacts of the high speed Rome-Naples rail link using withinday dynamic mode service choice models, *Journal of Transport Geography*, 19, pp. 635-643.

Cascetta E, Pagliara F, (2013) Public engagement for planning and designing transportation systems. *Procedia - Social and Behavioural Sciences*, 87, pp. 103 - 116.

Cascetta E, Pagliara F, (2015) *Transport Infrastructures in Italy* (*what has not worked and how to solve it*). Aracne, Roma (em italiano).

Cascetta E, Cartenì A, Pagliara F, Montanino M (2015) A new look at planning and designing transportation systems. Parte II: Um modelo de tomada de decisão baseado na racionalidade cognitiva, no envolvimento das partes interessadas e em métodos quantitativos. *Política de Transportes*, 38, 27-39.

Cleland, I. D. (1986). Project stakeholder management. Project Management Journal, 17(4), 36.

Cosier, R. A., Schwenk, C. R. (1990). Consenso e pensamento igualitário: Ingredients For Poor Decision. The Academy of Management Executive, 4(1).

Dess, G. G. (1987). Consensus on strategy formulation and organisational performance: Competitors In A Fragmented Industry. Journal of Strategic Management, 8(3), 19.

Greyl L, Vegni S, Natalicchio M, Ferretti J (2009) *High Speed Transport Infrastructure (TAV) in Italy*. Relatório disponível em http://www.ceecec.net/case-studies/high-speed-transport-in-italy/

Hermansson H (2007) *A ética dos conflitos NIMBY*. Ethical Theory Moral

Practice, 10, pp. 23-34.

Karlsen, J. T. (1998). Mestring av omgivelsesusikkerhet : en empirisk studie av prosjekter ("Coping with environmental uncertainty: An empirical study of projects", em norueguês, resumo em inglês). Universidade Norueguesa de Ciência e Tecnologia (NTNU), Trondheim.

Karlsen, J. T. (2001). Håndtering av prosjektets interessenter: en studie av hvilke utfordringer og problemer prosjekter møter : praktisk rapport ("Tratamento dos intervenientes no projeto; um estudo dos desafios e problemas que os projectos enfrentam" - em norueguês) Trondheim: Norsk senter for prosjektledelse.

Kelly J, Jones P, Barta F, Hossinger R, Witte A, Christian A (2004) *Successful transport decision-making - A project management and stakeholder engagement handbook,* Guidemaps consortium.

Marincioni F, Appiotti F (2009) *O caminho de ferro de alta velocidade Lyon-Turim: o debate público e a perceção dos riscos ambientais no Vale de Susa, Itália.* Environmental Management, 43, pp. 863-875.

Morgan, G. (1986). Images of the organization. Beverly Hills, Califórnia: Sage.Olander, S., & Landin, A. (2005). Assessing stakeholder influence in construction project delivery. International Journal of Project Management, 23(4), 321-328.Pagliara F (2014) *High Speed Rails Systems: Impacts on Mobility, on Tourism and on Mobile Workers.* LAP Lambert Academic Publishing, Saarbrücken, Alemanha.

PMI. (2004). A guide to the project management body of knowledge: (PMBOK Guide). Newtown Square, Pa: Project Management Institute.Price, J., e Cybulski, J. L. (2004). The influence of stakeholder communication on consensus

Making in Requirements Negotiation. Trabalho apresentado no AWRE'04 9th Australian Workshop on Requirements Engineering. de http://awre2004.cis.unisa.edu.au/6%20pdf%20paper%20awre.pdf

Prud'homme R (2007) Essai d'analyse de l'utilité sociale du tunnel Lyon-Turin, Université Paris XII.

Scholes, E., & Clutterbuck, D. (1998). Comunicação com as partes interessadas: An integrated approach. Long-Term Planning, 31(2), 227-238.

# CAPÍTULO 2 - CUSTOS E RECEITAS DO PROJECTO FERROVIÁRIO

**Resumo**

Este capítulo apresenta os custos e as receitas dos projectos de transporte ferroviário. Os custos incluem os custos da rede de infra-estruturas, a exploração dos comboios e as despesas gerais da empresa. Foram também introduzidos indicadores de desempenho para medir a eficiência dos sistemas ferroviários.

**Palavras-chave:** *avaliação de projectos ferroviários, custos, indicadores de desempenho*

## 2.1 Introdução

A avaliação de projectos pode ser definida como a apreciação e comparação de alternativas disponíveis com base no seu impacto em relação aos objectivos e restrições do decisor (Cascetta, 2009). A avaliação é uma atividade técnica levada a cabo pelo analista em interação com as partes envolvidas, com o objetivo final de apoiar as decisões.

Foram propostas numerosas técnicas para a avaliação de projectos de transportes. Em geral, a avaliação pode ser dividida em três fases lógicas sequenciais:

a) Identificação dos impactos relevantes para as partes interessadas formais e informais no processo de decisão e relacionados com projectos de sistemas alternativos;

b) Determinação das variáveis quantitativas e qualitativas (indicadores de impacto) que representam os efeitos e estimativa das suas flutuações nos projectos individuais;

c) Comparação de projectos alternativos com base nos respectivos impactos.

Os impactos de um projeto de sistema de transportes podem ser definidos como as consequências do projeto que são relevantes para algumas das partes interessadas envolvidas (ou seja, grupos homogéneos de indivíduos em relação ao tópico em consideração).

A primeira geração de avaliações quantitativas considerava apenas os impactos monetários e quantificáveis monetariamente (benefícios e custos) para os *utilizadores das infra-estruturas previstas* e para a *construção e exploração* dessas infra-estruturas e serviços. Os primeiros incluíam variações nos atributos do nível de serviço, como o tempo de viagem, os custos monetários das portagens e da operação dos veículos; as variações no número esperado de acidentes eram por vezes incluídas na avaliação. Os custos monetários para os operadores de *serviços e/ou infra-estruturas* incluíam custos de construção, custos de investimento em veículos e tecnologias, variações nos custos de manutenção e funcionamento e variações nas receitas da venda de serviços. Por vezes, o impacto no operador inclui também as variações das transferências com outras autoridades superiores (por exemplo, reembolsos de obrigações de serviço, taxas e impostos sobre a gasolina e os terrenos, etc.) (Cascetta, 2009).

Com uma melhor compreensão e modelização dos mecanismos subjacentes aos sistemas de transportes, a gama de impactos nos *utilizadores dos sistemas de transportes* tem sido progressivamente alargada. Os impactos são considerados para todos os utilizadores, tanto actuais como relacionados com o projeto, com variações nos custos gerais percebidos e não percebidos calculados para os diferentes modos de transporte. Os impactos são frequentemente diferenciados para as diferentes classes de utilizadores (ou segmentos de mercado), ou seja, para grupos de utilizadores homogéneos em termos de objetivo da viagem, caraterísticas socioeconómicas e caraterísticas do nível de serviço. No que respeita ao impacto nos operadores, os custos de construção, manutenção e exploração calculados com base nos preços de mercado foram progressivamente repartidos em função dos recursos utilizados (mão de obra, materiais, capital), uma vez que os preços de mercado nem sempre reflectem o verdadeiro "valor" social dos recursos.

Um outro alargamento da perspetiva e da gama de impactos tidos em conta na avaliação de um projeto de transportes diz respeito aos "*efeitos externos" de* um projeto de transportes.

*Impactos*" do projeto. Estes impactos dizem respeito aos membros da sociedade que não estão diretamente envolvidos na utilização do sistema de transportes. Apresentam-se a seguir alguns exemplos de impactos nos não utilizadores, sendo os impactos externos classificados em económicos, territoriais, sociais e ambientais. Note-se que a categorização de alguns impactos pode ser algo arbitrária e que não existe um consenso geral entre os analistas.

*Os impactos económicos* podem ser definidos como alterações no estado do sistema económico causadas pelo projeto. Alterações nos valores das propriedades residenciais e comerciais e na produção económica em resultado de alterações na acessibilidade.

*Os impactos territoriais* dizem respeito à utilização dos solos e à sua qualidade. Exemplos de impactos territoriais são as mudanças na utilização do solo (por exemplo, de zonas residenciais para zonas comerciais) ou, mais genericamente, a deslocalização de actividades residenciais e económicas devido a diferenças de acessibilidade. Esta categoria inclui também alterações na estrutura geográfica de uma região ou na qualidade urbana de certos bairros.

*Os impactos sociais* podem ser definidos como impactos nos valores sociais e alterações nas relações entre pessoas e instituições sociais, como a família, as comunidades locais, a educação, as agências governamentais, etc., causados pelo projeto. Também neste caso, existem diferentes tipos de impactos: impactos sociais de acidentes, alterações na acessibilidade a actividades sociais (escolas, repartições públicas, parques, etc.), alterações na coesão e estabilidade das comunidades locais, impactos em sítios históricos e culturais. As alterações na equidade, por exemplo, alterações na distribuição das oportunidades de deslocação em termos de espaço (zona) e estatuto socioeconómico (classe de rendimento ou idade), também podem ser consideradas como impactos sociais.

Por último, *os impactos ambientais* podem ser definidos como os efeitos do projeto no ambiente físico. Estes podem ser classificados como impactos no ecossistema, na poluição sonora e atmosférica e na perceção visual. Os projectos de transportes, especialmente quando envolvem novas infra-estruturas em zonas rurais, podem alterar o equilíbrio ecológico da vegetação e das populações animais. Além disso, qualquer projeto de transportes pode

O sistema gera poluição sonora e atmosférica. O projeto pode alterar significativamente a intensidade e a distribuição da poluição. Por último, o impacto visual é o impacto direto das infra-estruturas e dos veículos, que depende da sua "visibilidade" e "contraste" com o fundo circundante.

O impacto de um projeto de sistema de transportes é geralmente representado por um conjunto de variáveis designadas *por indicadores de impacto* ou *medidas de eficácia* (MOE). Dado que se trata geralmente de vários impactos elementares e que é impraticável tratar todas as variáveis associadas, é prática comum utilizar um número reduzido de indicadores de desempenho obtidos como variáveis agregadas ou "constructos intermédios" para análises posteriores.

Alguns indicadores de impacto são variáveis quantitativas, como o tempo de deslocação ou as emissões de CO; outros são "estruturalmente" qualitativos e podem, na melhor das hipóteses, ser expressos por variáveis descritivas (advérbios como "pouco", "muito", etc.) ou numa escala arbitrária (por exemplo, de A a F).

*Os recursos* necessários para a *construção*, *manutenção* e *exploração* e os seus custos relativos podem ser estimados analiticamente a partir da conceção real das instalações e serviços ou sinteticamente a partir de relações estatísticas conhecidas na literatura económica como *funções de produção*. Estas últimas estimam os recursos necessários para construir e equipar uma unidade de comprimento de uma infraestrutura típica, para produzir veículos e tecnologias com determinadas caraterísticas, para manter a infraestrutura e para explorar um serviço de transportes de um determinado tipo. Em alternativa, *as funções de custo de construção,* manutenção e *exploração* estimam os custos diretamente relacionados em termos monetários.

*As receitas do tráfego* podem ser calculadas multiplicando o número de utilizadores da simulação para as infra-estruturas sujeitas a portagem e/ou para os serviços de transporte pelos respectivos preços.

## 2.2 Custos dos caminhos-de-ferro

No caso das estruturas ferroviárias, os custos dividem-se nos domínios da infraestrutura da rede ferroviária, da exploração dos comboios e das despesas gerais. (www.ppiaf.org/sites/ppiaf.org/files/documents/toolkits/railways_toolkit/ch2_1_2. html).

Custos da rede de infra-estruturas

A maior parte dos custos da rede de infra-estruturas ferroviárias inclui os custos de capital e de manutenção das vias, das estruturas de engenharia, como pontes e túneis, da sinalização ferroviária, dos sistemas de comunicação, da alimentação eléctrica nos troços electrificados e da infraestrutura dos terminais. Estes custos de infraestrutura têm uma componente essencialmente fixa ou imutável em função do grau de utilização da infraestrutura e uma componente variável a longo prazo em função do volume de tráfego. A proporção da componente "fixa" dos custos varia em função do itinerário e do volume de tráfego, mas raramente é estimada em menos de 70% dos custos totais da infraestrutura, exceto nos itinerários mais movimentados. A componente variável deve variar a longo prazo em função do volume de tráfego, mas é frequentemente "rígida" (pelo menos no sentido descendente) a curto e médio prazo, o que é normalmente tido em conta na elaboração dos planos de exploração.

Custos de exploração do comboio

Os custos de exploração dos comboios incluem: (i) o gasóleo ou a energia eléctrica; (ii) os custos de amortização ou de locação financeira das locomotivas; (iii) a manutenção das locomotivas; (iv) a tripulação; (v) o pessoal de bordo dos comboios de passageiros; (vi) os custos de amortização ou de locação financeira dos vagões ou carruagens; (vii) a manutenção do material circulante; e (viii) as operações nos terminais; e (ix) os custos comerciais (bilhética, reserva de carga, etc.).

A maior parte dos custos de exploração dos comboios varia significativamente com o volume de tráfego a longo prazo, embora possa haver custos comuns. Em geral, volumes de tráfego mais elevados exigem mais comboios e mais recursos operacionais. A curto prazo, esta relação é

não são proporcionais, exceto talvez para o combustível/eletricidade. A médio prazo, por exemplo, 6-12 meses num caminho de ferro bem gerido, os gestores podem ajustar os recursos operacionais, como os custos de pessoal, as necessidades de locomotivas e material circulante ou a manutenção, ao volume da procura.

Despesas gerais centrais

Isto inclui a maior parte das funções nas sedes dos caminhos-de-ferro, como o conselho de administração e a direção, as finanças, o departamento jurídico, a segurança e os recursos humanos. As estruturas ferroviárias mais complexas e burocráticas, que são menos racionalizadas do ponto de vista comercial, exigem um nível mais elevado de "cola empresarial" dispendiosa para as manter unidas.

A longo prazo, as despesas gerais da empresa podem variar com a dimensão do caminho de ferro, se este for bem gerido. No caso dos caminhos-de-ferro públicos, é mais provável que o ajustamento das despesas gerais ocorra através de perturbações esporádicas causadas por reestruturações organizacionais do que através de mudanças incrementais que se adaptem à tarefa de transporte.

No entanto, a administração pode reduzir drasticamente as despesas gerais da empresa, transferindo a tomada de decisões para as unidades empresariais, controlando as finanças e os orçamentos, procurando oportunidades de externalização competitiva de serviços empresariais e, de um modo geral, gerindo uma organização mais simples.

As estruturas de custos ferroviários são mais competitivas quando os caminhos-de-ferro podem explorar comboios grandes e movimentados numa rede muito utilizada, através de organizações com uma gestão simples e orientada para o mercado. A dimensão e a carga útil dos comboios permitem poupar nas operações ferroviárias, a densidade dos comboios e a elevada utilização da rede permitem poupar nas infra-estruturas e a estrutura empresarial permite poupar nos custos administrativos. Embora isto pareça óbvio, muitos países estão a seguir políticas ferroviárias e modelos empresariais que desafiam abertamente esta realidade.

Um serviço de transporte ferroviário é mais competitivo quando oferece aos seus clientes um preço e um serviço melhores do que os dos seus concorrentes. Os custos incorridos na prestação destes serviços ditam os preços mais baixos possíveis que garantem o sucesso global.

a sustentabilidade financeira da empresa ferroviária. Por conseguinte, os níveis de custos são cruciais e um caminho de ferro bem gerido prestará muita atenção à medição e ao controlo dos custos.

No sector ferroviário, a maior parte dos custos está associada à infraestrutura e às funções empresariais gerais que apoiam todos os utilizadores e serviços. Os itinerários dos caminhos-de-ferro de utilização mista são normalmente construídos, mantidos e controlados segundo normas que podem servir todos os tipos de comboios de passageiros e de mercadorias. Alguns elementos de conceção e caraterísticas de gestão são mais orientados para o transporte de passageiros ou de mercadorias, mas a maioria dos custos da rede de infra-estruturas é a mesma para todos os utilizadores de um caminho de ferro de utilização mista e multiprodutos.

Se os custos fossem variáveis em função da utilização, poderiam ser afectados a serviços específicos prestados com a capacidade da instalação ou a tráfegos específicos. No entanto, a maioria dos custos da rede de infra-estruturas ferroviárias é uniforme e fixa, pelo que uma formulação como a "utilização relativa" é tecnicamente arbitrária e não se baseia na causalidade dos custos.

Além disso, muitos custos de exploração são "tecnicamente comuns", por exemplo, para as tripulações dos comboios ou as locomotivas, mas a médio prazo estes custos variam - mais tráfego significa mais comboios, mais locomotivas, mais pessoal. Por conseguinte, estes custos podem ser afectados a serviços e segmentos de transporte específicos.

No sector ferroviário, os custos comuns estão em grande parte associados às operações ferroviárias e surgem quando a produção de um bem ou serviço gera outro bem ou serviço. Por exemplo, se um vagão pode transportar uma carga regular em ambos os sentidos, os custos de deslocação do vagão são comuns às duas operações de transporte. Do mesmo modo, se uma locomotiva e a sua tripulação se destinarem ao transporte de um comboio de contentores num sentido e à viagem de regresso com um comboio interurbano de passageiros: Estes custos são incorridos conjuntamente para o transporte de mercadorias e de passageiros.

Os custos comuns não podem ser claramente imputados a serviços ou transportes beneficiários individuais, uma vez que a viagem de regresso continua a ser necessária e os custos são incorridos mesmo que um serviço ou transporte deixe de ser explorado. Felizmente, os custos comuns são sempre

raro. Atualmente, o transporte de passageiros está mais segmentado por tipo de transporte e os comboios com uma formação fixa circulam em ambas as direcções. A situação é semelhante no transporte de mercadorias, em que uma proporção muito maior de comboios em ambas as direcções é carregada com vagões especiais para carvão, contentores, petróleo e outras mercadorias. Por conseguinte, os custos comuns podem geralmente ser ignorados, a menos que existam circunstâncias excepcionais.

## 2.3 Receitas do transporte ferroviário: KPI

O desenvolvimento e o tratamento dos indicadores-chave de desempenho (KPI) são apresentados para medir a eficiência relativa dos sistemas ferroviários e para efetuar comparações entre o desempenho de cada Estado-Membro. Os KPI podem ser definidos como um conjunto de medidas quantificáveis que um sector utiliza para comparar o desempenho com a realização dos seus objectivos estratégicos e operacionais (CE, 2015).

A seleção dos indicadores-chave de desempenho variará de sector para sector, em função das suas prioridades ou critérios de desempenho. Por conseguinte, foram identificados os seguintes:

- Indicadores-chave de desempenho primários: medidas diretas da eficiência do sector ferroviário, como os passageiros-quilómetro por comboio-quilómetro.
- Indicadores-chave de desempenho secundários: potenciais indicadores de eficiência que estão sob o controlo do sector ferroviário, por exemplo, comboios-quilómetro por trabalhador.
- Indicadores adicionais: uma combinação de medidas exógenas (por exemplo, densidade populacional) e endógenas (por exemplo, satisfação dos passageiros), que também podem ter um impacto indireto na eficiência do sector ferroviário, especialmente do lado da procura.

Os indicadores primários ocupam um lugar central, pois descrevem o desempenho relativo dos sistemas ferroviários com base em medidas de eficiência (por exemplo, através de normas relativas a veículos e infra-estruturas, financiamento e política de acesso ao mercado). Os indicadores secundários fornecem informações adicionais sobre as caraterísticas e o desempenho dos sistemas ferroviários. Devem ser tidos em conta outros factores exógenos que afectam a eficiência do sector ferroviário. Os indicadores-chave de desempenho medem o desempenho de uma entidade económica e permitem a comparabilidade ao longo do tempo e com outras entidades. Os indicadores-chave de desempenho são geralmente o rácio entre as principais realizações e as entradas, mas também podem ser medidas da qualidade do serviço derivadas, por exemplo, de inquéritos aos clientes.O quadro 2.1 apresenta uma série de indicadores-chave de desempenho e salienta alguns problemas associados à sua interpretação. Por exemplo, os comboios-quilómetro por km de via são um indicador útil da utilização da infraestrutura, mas este indicador é influenciado pelo nível de congestionamento na rede e pelas regras de atribuição de capacidade existentes, que podem favorecer o tráfego de passageiros e penalizar o tráfego de mercadorias.

**Quadro 2.1:** Indicadores-chave de desempenho dos sistemas ferroviários

| Performance measure - KPIs | What it measures | Main issues |
|---|---|---|
| Train-km per track-km | Infrastructure utilisation | Impacted by congestion and passenger / freight policies |
| Train-km per staff | Labour productivity | Less influenced by government policy and external factors. However, affected by outsourcing practices. |
| Total cost per train-km | Underlying cost of operations | Accounting conventions and factors prices (e.g. wages) differ |
| Revenue per traffic unit10 | Revenue generation | Affected by government policies on fares affordability |
| Revenue / Operating cost | Cost recovery | Affected by fare and service obligations imposed on operators |
| Market share | Competitiveness of rail | Ignores overall growth / decline in patronage |

*Fonte: UE (2015)*

Um estudo recente de Merkert et al. (2010) fornece uma lista dos principais inputs e outputs (que constituem a base de cada KPI) utilizados em estudos anteriores para avaliar a eficiência dos sistemas ferroviários nacionais. Estes estão listados no Quadro 2.2. Alguns

Outros indicadores foram acrescentados à lista no trabalho de Mizutani e Uranishi (2013), que fornece alguns indicadores interessantes para os custos totais das entradas e saídas.

**Quadro 2.2** - Visão geral dos inputs e outputs utilizados em estudos anteriores

| **Study** | **Inputs** | **Outputs** |
|---|---|---|
| Nash and Preston (1994) | Total cost<br>Staff | Train-km<br>Market share |
| Shires et al. (1994) | Track-km | Staff |
| Oum and Yu (1994) | Staff<br>Energy consumption<br>Rolling stock | Passenger-km<br>Freight-tonne |
| Gathon and Pestieau (1995) | Engines and railcars<br>Staff<br>Length of electrified lines | Traffic units (sum of passenger-km and freight-tonne-km) |
| Coelli and Perelman (1999) | Staff<br>Rolling stock<br>Track-km | Passenger-km<br>Freight-tonne-km |
| Cantos and Maudos (2001) | Operating cost<br>Labour cost<br>Energy<br>Material/external services | Passenger-km<br>Freight-tonne-km |
| Loizides and Tsionas (2004) | Staff<br>Capital cost (interest and depreciation)<br>Energy cost | Traffic units (weighted with revenue share) |
| Cantos et al. (2012) | Staff<br>Rolling stock (passenger + freight)<br>Network length | Passenger-km<br>Freight-tonne-km |
| Mizutani and Uranishi (2013) | Sum of labour, energy and capital costs<br>Total route km<br>% of electrified line | Total train-km (passenger + freight) |

Os ICD primários e secundários considerados nas fases subsequentes do estudo foram desenvolvidos tendo em conta os três critérios acima descritos (conformidade com os objectivos políticos, revisão da literatura e disponibilidade de dados). São eles:

- KPIs primários
- Utilização da via (quilómetros de comboio/quilómetros de via)
- Utilização da capacidade dos comboios de passageiros (passageiros-quilómetro/veículos de passageiros)
- Utilização de comboios de mercadorias (toneladas-quilómetro de mercadorias/veículos de mercadorias)
- KPIs secundários
- Eficiência de custos 1 (comboio-quilómetro/custos totais de exploração)
- Eficiência de custos 2 (passageiros-quilómetros/custos de exploração de passageiros)
- Eficiência de custos 3 (toneladas-quilómetro de mercadorias/custos de exploração de mercadorias)
- Eficiência do pessoal (comboio-quilómetro/trabalhador).

A fim de desenvolver hipóteses sobre o desempenho relativo dos sistemas ferroviários em cada Estado-Membro, foram calculadas as relações entre combinações de ICD primários e secundários e uma série de outras variáveis explicativas. Esta análise bivariada permite analisar a forma como a eficiência (medida pelos ICD primários) de um determinado Estado-Membro pode estar correlacionada com alterações nos ICD secundários e/ou com factores exógenos. A correlação observada entre os indicadores não implica uma relação de causalidade, mas aponta para relações que devem ser objeto de uma investigação mais aprofundada nas subsequentes análises de agrupamento e de envelopagem de dados. A presente secção começa com um breve comentário sobre as tendências recentes dos ICD e resume em seguida as conclusões mais úteis da análise de correlação. Os resultados pormenorizados por Estado-Membro podem ser consultados no relatório da União Europeia (2015).

**Referências**

Cantos, P., Pastor, J. M., Serrano, L. (2012) Evaluating European Railway Deregulation Using Different Approaches, *Transport Policy*, 24, pp. 67-72.

Cantos, P., Maudos, J. (2001) Regulation and efficiency: the case of European railways, *Transportation Research Part A: Policy and*

*Practice*, 5, pp. 459472.

Cascetta, E. (2009) Transportation Systems Analysis, Models and Applications, Springer.

Coelli, T., Perelman, S. (1999) A comparison of parametric and non-parametric distance functions: With application to the European railways, *European Journal of Operational Research*, 2, pp. 326-339

Comissão Europeia (2015) Study on the Cost and Contribution of the Rail Setor, Relatório Final elaborado por Steer Davies Gleave.

Gathon, H.J., Pestieau, P. (1995) Decomposing efficiency into its managerial and its regulatory components: The case of European railways, *European Journal of Operational Research*, 3, pp. 500-507.

Loizides, J., Tsionas, E. G. (2004) Dynamic Distributions of Productivity Growth in European Railways, *Journal of Transport Economics and Policy*, 1, pp. 45-75.

Merkert, R., Smith, A., S.J., Nash, C. (2010), Benchmarking of train operating firms - a transaction cost efficiency analysis, *Transportation Planning and Technology*, 33, pp. 35-53.

Mizutani, F., & Uranishi, S. (2013). A separação vertical reduz os custos? Uma análise empírica do sector ferroviário nos países da OCDE da Europa e da Ásia Oriental.

Nash, C., Preston, J. (1994) Railway performance - how does Britain compare? Public Money & Management, 4, pp. 47-53.

Shires, J.D., Preston, J.M., Nash, C.A. e Wardman, M. (1994) Rail Privatisation: The Practice - An Analysis of Seven Case Studies. Documento de trabalho. Institute of Transport Studies, Universidade de Leeds, Leeds, Reino Unido

Oum, T. H, Yu, C. (1994) Economic Efficiency of Railways and Implications for Public Policy: A Comparative Study of the OECD Countries' Railways, *Journal of Transport Economics and Policy*, 2, pp. 121-138

# CAPÍTULO 3 - A ANÁLISE FINANCEIRA E ECONÓMICA

**Resumo**

As análises financeiras e económicas foram analisadas no presente capítulo. Têm caraterísticas semelhantes. Ambas estimam o benefício líquido do investimento de um projeto com base na diferença entre a situação com o projeto e a situação sem o projeto. Enquanto a análise financeira utiliza os preços de mercado para verificar o equilíbrio do investimento e a sustentabilidade do projeto, a análise económica utiliza o preço económico, que é convertido a partir do preço de mercado, excluindo impostos, lucros, subsídios, etc., para medir a legitimidade da utilização de recursos nacionais para um determinado projeto. As análises financeiras e económicas também diferem no tratamento dos efeitos externos (benefícios e custos), como os impactos positivos na saúde.

**Palavras-chave:** *análise financeira, análise económica, indicadores*

## 3.1 Introdução

*A análise financeira* tenta maximizar o lucro sob restrições como regulamentos, obrigações de serviço, concessões, etc. Neste caso, os "benefícios" e os "custos" podem ser expressos em termos monetários. Os primeiros resultam das receitas da venda de serviços e de eventuais subsídios, os segundos dos custos financeiros da prestação de serviços, como os custos de construção, manutenção e exploração, portagens, impostos, etc. (Cascetta, 2009). *A análise económica* está ligada a um decisor público. Os projectos alternativos são avaliados tendo em conta os impactos positivos e negativos (benefícios e custos) em relação aos objectivos do público em geral ou dos diferentes grupos homogéneos em termos das suas caraterísticas socioeconómicas e dos impactos recebidos. Alguns utilizadores do sistema de transportes podem efetivamente beneficiar de um determinado projeto (redução dos tempos de viagem e dos custos),

(melhor acessibilidade, etc.), enquanto outros podem ter menos vantagens ou mesmo desvantagens (tempos de deslocação mais longos e custos mais elevados, etc.). Pode ser este o caso, por exemplo, numa zona urbana, quando o congestionamento é transferido de uma zona para outra devido a estratégias de controlo dos sinais de trânsito, faixas reservadas aos transportes públicos, zonas de tráfego limitado, etc. O contraste torna-se ainda mais claro quando se comparam os benefícios para os utilizadores do sistema com os custos suportados por alguns não utilizadores, por exemplo, o aumento da poluição sonora e atmosférica para os residentes em zonas próximas de uma nova autoestrada ou aeroporto.

### 3.2 A análise financeira

A análise financeira é apresentada como o impacto do fluxo de caixa do projeto nas organizações afectadas pelo projeto (Comissão Europeia, 2004):

- Custos de investimento financeiro, incluindo extensões durante o período de auditoria;
- Manutenção financeira das infra-estruturas e dos custos de funcionamento;
- Os custos de funcionamento dos veículos são suportados pelos operadores;
- Receitas para os operadores de infra-estruturas e serviços.

Algumas das principais questões são referidas a seguir:

- Impostos: Idealmente, todos os fluxos de caixa, incluindo os impostos específicos do projeto, como o IVA, devem ser incluídos na avaliação financeira. No entanto, o impacto líquido dos impostos indirectos é frequentemente pequeno e difícil de calcular. Recomenda-se, portanto, que o IVA não seja incluído na avaliação, exceto no caso de grandes infra-estruturas ou de projectos que gerem um novo tráfego significativo sujeito a IVA. Nestes casos, os fluxos fiscais entre os administradores podem ser importantes para a estruturação financeira do projeto.
- Custos operacionais: No cálculo dos custos operacionais, devem ser excluídas todas as rubricas que não resultem em qualquer despesa financeira efectiva, mesmo que

Rubricas que são normalmente incluídas nas contas da empresa. As rubricas a excluir

são:

- Depreciações e amortizações;
- Eventuais reservas para futuros custos de substituição;
- Quaisquer provisões para acontecimentos imprevistos, uma vez que a incerteza dos fluxos de caixa futuros é tida em conta na análise de risco.

- Receitas: No que diz respeito às receitas, os projectos ferroviários geram normalmente as suas próprias receitas.

As receitas previstas são determinadas pelas previsões de tráfego e pelas tarifas. Tanto as receitas como as despesas de exploração devem ser apresentadas líquidas de IVA. Deve sublinhar-se que a fixação de preços no transporte ferroviário é, por vezes, determinada politicamente e tem pouca relação com os custos reais (custos marginais ou médios) do serviço em questão. Não é fácil prever a evolução das políticas de preços no transporte ferroviário, mas é importante analisar o seu impacto potencial nas receitas do projeto.

- Os subsídios (transferências de outras autoridades, etc.) devem ser considerados separadamente dos rendimentos operacionais e corretamente reconhecidos como transferências financeiras puras.

No sector ferroviário, é muito importante um estudo aprofundado do impacto financeiro do projeto com base na observação das transferências financeiras entre os diferentes intervenientes, uma vez que os investidores podem ser diferentes da entidade que irá deter e/ou explorar a infraestrutura. Dado que as diferentes partes interessadas podem ter interesses contraditórios, é necessário captar o impacto esperado do investimento no seu desempenho financeiro ou, em essência, os efeitos redistributivos nas finanças das diferentes partes interessadas. Assim, as subvenções ao investimento (mesmo que sejam concedidas sob a forma de empréstimos bonificados), as subvenções de funcionamento para obrigações de serviço público, etc., devem ser incluídas na análise financeira. Para que os efeitos de redistribuição possam ser analisados, devem ser adequadamente repartidos entre os actores.

## 3.3 Análise custo-benefício (ACB)

A análise económica avalia a contribuição do projeto para o bem-estar económico de toda a sociedade da "região", que é o objetivo político do promotor do projeto. A noção de população-alvo ligada a uma zona administrativa específica (zona urbana, região ou país) é objeto de debate. É óbvio que uma diferenciação dos utilizadores em função da sua nacionalidade ou similar poderia interessar aos decisores. O benefício socioeconómico global do projeto não deve diferenciar os utilizadores com base na sua nacionalidade.

A análise socioeconómica baseia-se nos custos dos recursos. Para muitos bens, o mercado fornece boas indicações sobre esses custos. No entanto, alguns outros, como o tempo de viagem, não são diretamente comercializáveis. Os impactos não comercializáveis dos projectos ferroviários afectam geralmente os utilizadores dos transportes e também os não utilizadores através de externalidades. Para os utilizadores de transportes existentes, o benefício para a sociedade é estimado como uma redução dos custos dos recursos que o projeto implica (como alguns destes custos não são comercializáveis, é estimado um valor com base na disponibilidade para pagar). Para o tráfego gerado, é necessária uma estimativa da curva da procura, uma vez que não existe qualquer indicação prévia da vontade de pagar dos novos utilizadores. Isto explica a necessidade de aplicar a regra das metades quando se comparam os seus benefícios com os dos utilizadores existentes.

O objetivo final da ACB é avaliar o impacto do investimento na sociedade como um todo, somando o impacto no indivíduo. Regra geral, um único valor (TIR, VAL, RBC, ver secção 3.4) constitui a indicação mais importante da qualidade do projeto.

Os seguintes pontos devem ser incluídos na análise económica:

- Custos de investimento.
- Alterações em:
  - as despesas de manutenção e de funcionamento das infra-estruturas;
  - as despesas de funcionamento dos veículos;
  - Tempos de viagem;
  - Segurança;
  - efeitos externos, como os impactos ambientais.

*Custos de investimento*

Devem conter os seguintes elementos:

- Custos de planeamento, incluindo custos de conceção, recursos da autoridade de planeamento e outros custos diretamente relacionados com o projeto, incorridos após a decisão inicial de execução do projeto;
- Custos fundiários e imobiliários, incluindo o custo de aquisição dos terrenos necessários para o projeto (e quaisquer propriedades associadas), os pagamentos compensatórios exigidos pela legislação nacional e os custos legais e de transação associados;
- Custos de construção, incluindo a preparação do local, as infra-estruturas, a superestrutura, a supervisão da construção e as despesas imprevistas;

- material circulante.

*Vantagens para os utilizadores e operadores*

Um elemento importante da ACB é a estimativa dos benefícios para os utilizadores. Para muitos projectos, o benefício para os viajantes em termos de poupança de tempo e dinheiro é fundamental para a avaliação económica do projeto. Os três conceitos básicos subjacentes à definição dos benefícios para o utilizador na análise custo-benefício dos transportes são os custos gerais, a disponibilidade para pagar e o excedente do consumidor:

- O custo com tudo incluído é uma quantia em dinheiro que representa a desutilidade total (ou incómodo) de viajar entre uma origem específica e um destino específico. Por conseguinte, existem diferentes custos fixos para cada opção de modelo de viagem. Em princípio, todos os aspectos do

  Incapacidade, incluindo o tempo despendido, o dinheiro gasto e outros aspectos como o incómodo/desconforto.

- A disponibilidade para pagar é o montante máximo dos custos gerais que um consumidor estaria disposto a pagar por uma determinada viagem.
- O excedente do consumidor resume os dois primeiros termos, uma vez que é definido como o excesso da vontade de pagar do consumidor em relação aos custos gerais efectivos da viagem.
- A medida básica da utilidade é a alteração do excedente do consumidor resultante de uma alteração no sistema de transportes. Para tal, é necessário:
  - Estimativa do volume de tráfego por modo de transporte e categoria de viagem para cada par O/D.
  - Se se espera que o volume de viagens reaja à alteração da qualidade da rede, tanto o volume "com" a alteração como o volume "sem" a alteração devem ser modelados ou estimados para o ano de referência e previstos para os anos futuros.
  - Estimar a alteração nos custos globais de deslocação por modo e categoria de deslocação para cada par O/D. Isto inclui poupanças no tempo de deslocação, alterações no dinheiro gasto e melhorias na comodidade/maior conforto da deslocação.

- Combinar as informações sobre o volume de viagens e as alterações de custos para calcular o benefício total para os utilizadores em todas as partidas e destinos.

Os lucros para os prestadores de serviços de transporte ou o "excedente do produtor" resultante de uma alteração na curva de oferta gerada pelo projeto são tidos em conta pelas alterações nos custos de investimento, exploração e manutenção.

*Vantagens para os diferentes tipos de tráfego:*

No caso dos projectos ferroviários, faz sentido considerar o impacto em três categorias diferentes de transportes:

- Transportes existentes: A ACB considera o impacto nos utilizadores dos serviços de transporte existentes. O projeto pode melhorar a qualidade do serviço (ou seja, o tempo de viagem, a fiabilidade, o conforto, etc.) para os utilizadores dos caminhos-de-ferro e pode ter um impacto nas tarifas que pagam (trata-se de um elemento financeiro).
- Para além dos custos de investimento, esta melhoria dos serviços pode gerar custos (ou, em certos casos, benefícios) para os operadores de serviços ferroviários, que são incluídos nos custos de exploração. Os utilizadores de outros modos de transporte que não dependem do caminho de ferro podem também aperceber-se de certos impactos (por exemplo, uma melhoria do congestionamento rodoviário) que devem ser incluídos na ACB.
- Tráfego desviado: O impacto nos novos utilizadores do caminho de ferro, desviados de outros modos de transporte (por exemplo, automóvel, autocarro, avião) para o caminho de ferro em resultado do investimento, é avaliado comparando os seus custos de recursos antes e depois do projeto. Estes incluem normalmente benefícios para os utilizadores (ou seja, alterações no tempo de viagem, segurança, fiabilidade, conforto, etc.), alterações nos custos de exploração para os prestadores de serviços e mesmo custos de investimento diferidos nos outros modos. Em resultado do projeto, alguns transportes ferroviários poderão também ser transferidos para a estrada.
- Volume de tráfego gerado: O impacto nos novos utilizadores que não viajaram anteriormente mas que utilizarão a via férrea em resultado do investimento é geralmente estimado em metade do impacto nos utilizadores de comboios existentes.

*Cálculo dos depósitos de segurança*

A segurança é geralmente tratada separadamente das outras componentes dos benefícios para o utilizador. As alterações previstas nas taxas de acidentes para os diferentes modos e alternativas são utilizadas para estimar os benefícios económicos, multiplicando-as pelos valores unitários correspondentes por acidente e por vítima. Estes valores consistem numa parte

Os custos são geralmente suportados pelos utilizadores, sob a forma de seguros inerentes ao sistema de transportes e de despesas e sofrimentos do sector público em geral, que representam externalidades.

*Valores dos custos de exploração dos veículos (COV)*

Esta componente do benefício para os utilizadores apenas diz respeito aos COV no transporte automóvel e aos COV no transporte de mercadorias por conta própria, dado que todos os outros COV são suportados pelas empresas de transporte e não pelos utilizadores.

## 3.4 Alguns indicadores em pormenor

A taxa interna de rendibilidade (TIR) ou taxa de rendibilidade económica (TRE) é um método de cálculo da rendibilidade. O termo interno refere-se ao facto de não serem tidos em conta no cálculo quaisquer factores ambientais (por exemplo, taxa de juro ou inflação). É também designada por taxa de rendibilidade dos fluxos de caixa actualizados (DCFROR).

No contexto dos depósitos de poupança e dos empréstimos, a TIR é também designada por taxa de juro efectiva. A taxa interna de rendibilidade de um investimento ou projeto é a "taxa de juro efectiva anualizada" ou a taxa de rendibilidade que faz com que o valor atual líquido de todos os fluxos de caixa (positivos e negativos) de um determinado investimento seja igual a zero. Também pode ser definida como a taxa de desconto à qual o valor atual de todos os fluxos de caixa futuros é igual ao investimento inicial ou, por outras palavras, a taxa à qual um investimento atinge o ponto de equilíbrio.

Por conseguinte, a TIR de um investimento é a taxa de desconto à qual o valor atual líquido dos custos (fluxos de caixa negativos) do investimento é igual ao valor atual líquido dos benefícios (fluxos de caixa positivos) do investimento. A TIR é utilizada na orçamentação de capital para medir e comparar a rendibilidade dos investimentos.

Os cálculos da TIR são frequentemente utilizados para avaliar a conveniência de investimentos ou projectos. Quanto mais elevada for a TIR de um projeto, mais desejável é a sua realização. O projeto com a TIR mais elevada é considerado o melhor e deve ser realizado em primeiro lugar (Farok e Garcia, 2015).

Uma empresa (ou um indivíduo) deve, teoricamente, realizar todos os projectos ou investimentos disponíveis com uma TIR que exceda o custo do capital. Os investimentos podem ser limitados pela disponibilidade de fundos para a empresa e/ou pela capacidade ou aptidão da empresa para gerir vários projectos. Um investimento é considerado aceitável se a sua taxa interna de rendibilidade for superior a uma taxa de rendibilidade mínima aceitável especificada ou ao custo de capital. Num cenário em que um investimento está a ser considerado por uma empresa com acionistas, esta taxa mínima é o custo de capital do investimento (que pode ser determinado pelo custo de capital ajustado ao risco de investimentos alternativos). Deste modo, garante-se que o investimento é apoiado pelos acionistas, uma vez que um investimento cuja TIR excede o custo do capital acrescenta geralmente valor à empresa (ou seja, é economicamente viável).

A TIR também é adequada para o capital privado, na perspetiva dos sócios comanditários, como medida do desempenho do sócio comanditado enquanto gestor de investimentos. Para um certo número de pares (tempo, fluxo de caixa) envolvidos num projeto, a taxa interna de rendibilidade é o valor atual líquido em função da taxa de juro. Uma taxa de rendibilidade para a qual esta função é igual a zero é uma taxa interna de rendibilidade.

A taxa interna de rentabilidade é uma taxa de rentabilidade do fluxo de caixa descontado que é utilizada no planeamento de capital para medir e comparar a rentabilidade dos investimentos (Farok e Garcia, 2015).

$$0 = CF1/\{1+r\}+CF2/\{1+r\}^2+ CF3/\{1+r\}^3 + \ldots \cdot\cdot \text{Investimento inicial}$$

CF é o fluxo de caixa por período e r é a taxa interna de rendibilidade.

$$\text{IRR} =(FV/PV)^{1/N} - 1\&\text{PC} = \Sigma_n{}^{\text{P}} = In/\{1+IRR\}^{\text{n}}$$

In é o rendimento líquido do projeto em n anos, N é o número de períodos em que o rendimento é gerado.

O valor atual líquido (VAL) é o valor atual dos fluxos de caixa líquidos gerados pelo projeto, incluindo qualquer valor residual, menos o investimento inicial no projeto. É um dos valores mais fiáveis na avaliação de investimentos, uma vez que tem em conta o valor temporal do dinheiro, utilizando fluxos de caixa descontados. O valor atual líquido é definido como a soma dos valores actuais dos fluxos de entrada e saída de dinheiro durante um determinado período de tempo (Lin e Nagalingam, 2000). Para calcular o valor atual líquido, é definida uma taxa de rendibilidade-alvo, que é utilizada para descontar os fluxos de caixa líquidos de um projeto. O fluxo de caixa líquido corresponde ao total de entradas de caixa durante um período menos as despesas diretamente incorridas para gerar o fluxo de caixa. Para fluxos de caixa pares,

$$NPV = RX\ (1-\{1+i\}^{n}/\ i\ )\ \text{Investimento inicial}$$

R= Fluxo de caixa líquido esperado por período, i= Rendimento por período, n= Número de períodos em que se espera que o projeto funcione e gere fluxos de caixa.

No caso de fluxos de caixa desiguais, o valor atual líquido = valor atual do influxo de caixa - valor atual do exfluxo de caixa

$$NPV = R1/\{1+i\} + R2/\{1+i\}^{2} + R3/\{1+i\}^{3} + \ldots\ldots\ \text{Investimento inicial}$$

i é a rendibilidade prevista para cada período, R é a entrada líquida de tesouraria no primeiro período, R2 é a entrada líquida de tesouraria no segundo período, R3 é a entrada líquida de tesouraria no terceiro período e assim sucessivamente

O VAL é positivo ou nulo e o projeto com VAL negativo é rejeitado. Ao comparar dois ou mais projectos com um VAL positivo, é aceite o projeto com o VAL mais elevado.

O BCR é um rácio entre os benefícios e os custos em relação ao valor monetário de um projeto ou proposta. Tem em conta o ganho monetário obtido através da realização de um projeto em comparação com os custos incorridos para a realização do mesmo. Quanto mais elevado for o valor do BCR, melhor será o investimento e maior será a rentabilidade do projeto.

Foi concebido para apoiar a tomada de decisões práticas por parte dos gestores de empresas e investidores, com o objetivo de otimizar o seu impacto social e ambiental. Temos:

BCR = *benefício/custo*

**Referências**


Cascetta, E. (2009) Transport system analysis, models and applications. Springer

Comissão Europeia (2004) RAILPAG, Relatório

Farok, G.M.G, Garcia, J. A. (2015) Análise de modelos de avaliação custo-benefício por sensibilidade e gestão de risco para acompanhamento e controlo do ciclo de vida de um projeto, *International Journal of Engineering Technology and Scientific Innovation,*1, pp. 34-47.

Lin, Grier C. I., Nagalingam, Sev V. (2000) *CIM Justification and Optimisation*. Londres: Taylor & Francis. S. 36.

Hazen, G. B. (2003) A new perspective on multiple internal rates of return, *The Engineering Economist*, 48, pp. 31-51.

# CAPÍTULO 4 - ANÁLISE DE RISCO

**Resumo**

Os riscos de um investimento em infra-estruturas podem, em geral, ser divididos entre os que são específicos do ativo de infraestrutura e os que afectam a classe de activos em geral. Os riscos específicos do ativo incluem os riscos associados ao planeamento, construção e exploração do ativo de infraestrutura. Os riscos da classe de activos incluem o risco de mercado/económico, bem como o risco regulamentar e político.

Os riscos específicos dos activos dependem em grande medida da maturidade do ativo. Na fase de construção, por exemplo, o processo de construção está associado a riscos consideráveis. A construção será concluída a tempo e dentro do orçamento e, se não for, que indemnização pagará o cliente? Uma caraterística importante dos activos de infra-estruturas é que, à medida que o ativo atinge a maturidade, o perfil de risco diminui e a valorização aumenta, desde que todos os outros factores se mantenham inalterados.

Este capítulo trata do risco associado aos investimentos e apresenta algumas formas de o gerir.

**Palavras-chave:** *risco, etapas de identificação, gestão do risco*

## 4.1 O que é um risco?

O que é o risco? O risco é qualquer incerteza relacionada com um investimento que pode ter um impacto negativo no bem-estar financeiro. Por exemplo, o valor de um investimento pode aumentar ou diminuir devido às condições do mercado (risco de mercado). As decisões empresariais, como a expansão para uma nova área de negócio ou a fusão com outra empresa, podem afetar o valor de um investimento (risco de negócio). Se alguém tiver um investimento internacional, os acontecimentos nesse país podem afetar o investimento (por exemplo, risco político e risco cambial). Existem outros tipos de risco. A facilidade ou dificuldade de levantar dinheiro de um investimento quando necessário é designada por risco de liquidez. Outro fator de risco está relacionado com a quantidade ou o número reduzido de investimentos detidos.

Em geral, quanto mais ovos financeiros tiver no seu cesto, mais riscos corre (risco de concentração). Em suma, o risco é a possibilidade de ocorrer um resultado financeiro negativo significativo. O montante de risco associado a um determinado investimento ou classe de activos está normalmente correlacionado com o montante de retorno que esse investimento pode gerar. A ideia básica subjacente a esta relação é que os investidores que estão dispostos a fazer investimentos de risco e potencialmente perder dinheiro devem ser recompensados pelo seu risco. No contexto do investimento, a recompensa é a possibilidade de obter rendimentos mais elevados (www.finra.org/investors/reality-investement-risk).

Os riscos de um investimento em infra-estruturas podem, em geral, ser divididos entre os que são específicos do ativo de infraestrutura e os que afectam a classe de activos em geral. Os riscos específicos do ativo incluem os riscos associados ao planeamento, construção e exploração do ativo de infraestrutura. Os riscos da classe de activos incluem os riscos de mercado/económicos, bem como os riscos regulamentares e políticos (www.ceoforum.com.au/article- detail.cfm?cid=6309&t=/Kirsty-MackayFisher-Berkley-Group/Understanding- infrastructure-investments).

Os riscos específicos dos activos dependem em grande medida da maturidade do ativo. Na fase de construção, por exemplo, o processo de construção está associado a riscos consideráveis. A construção será concluída a tempo e dentro do orçamento e, se não for, que indemnização pagará o cliente? Uma caraterística importante dos activos de infra-estruturas é que, à medida que o ativo atinge a maturidade, o perfil de risco diminui e a valorização aumenta, desde que todos os outros factores se mantenham inalterados.

Entre os riscos mais gerais que afectam a classe de activos de infra-estruturas, o risco de taxa de juro é talvez o mais importante. O nível prevalecente das taxas de juro pode afetar as taxas de desconto utilizadas na avaliação dos investimentos em infra-estruturas e o efeito de alavanca da estrutura de investimento, de modo que a avaliação de um investimento em infra-estruturas desce geralmente quando as taxas de juro sobem. Trata-se geralmente de um fenómeno de curto prazo. A médio e longo prazo, esta diminuição inicial do valor é atenuada pelo aumento do rendimento do ativo subjacente. Em geral, os aumentos de rendimento resultam de aumentos de preços ligados ao índice de preços no consumidor (o índice de preços no consumidor aumenta geralmente em

num ambiente de maior crescimento) e os aumentos de volume que ocorrem numa economia em crescimento.

Embora os investimentos em infra-estruturas estejam regulamentados em graus variáveis, esta regulamentação conduz geralmente a fluxos de rendimento com baixo crescimento. Para compensar os investidores por este facto, os investimentos em infra-estruturas oferecem geralmente rendimentos mais elevados do que os investimentos em acções. Em termos de valor do capital, este rendimento estável e elevado significa que os investimentos em infra-estruturas são menos voláteis do que os investimentos em acções a longo prazo. Além disso, o preço dos investimentos em infra-estruturas é suportado em períodos de fraca rendibilidade no mercado geral de acções. É por esta razão que as infra-estruturas são frequentemente referidas como um ativo "defensivo", ou seja, um ativo que deve proporcionar um rendimento estável ao longo de todo o ciclo económico/investimento.

Os rendimentos previstos para os investimentos individuais em infra-estruturas variam em função das caraterísticas do ativo subjacente, da sua duração, do seu risco e do seu tratamento fiscal no contexto da conjuntura macroeconómica prevalecente. É difícil comentar o nível dos rendimentos esperados para o sector das infra-estruturas no seu conjunto. Em especial porque o ambiente regulamentar australiano é relativamente imaturo e existe uma clara tendência para uma maior concorrência nalguns segmentos.

A longo prazo, à medida que as estruturas do sector e os regimes regulamentares forem amadurecendo, o sector das infra-estruturas cotadas em bolsa comportar-se-á muito provavelmente como um híbrido de acções e obrigações, semelhante a um fundo imobiliário cotado em bolsa - embora os factores determinantes da rendibilidade das infra-estruturas sejam diferentes dos do sector imobiliário e, por conseguinte, os dois sectores não tenham o mesmo desempenho. Isto é problemático para os investidores na medida em que, ao contrário do sector imobiliário cotado, não existem dados históricos suficientes sobre o sector para estabelecer correlações que permitam a sua inclusão nas carteiras como uma classe de activos separada. Por conseguinte, as infra-estruturas são geralmente incluídas na dotação de acções de uma carteira.

A decisão de investimento para disponibilizar fundos para infra-estruturas é também

complicada pelas diferenças entre os diferentes projectos de infra-estruturas, que, para

investimentos. No entanto, isto permite que os investidores personalizem a sua exposição ao sector, selecionando os activos de infra-estruturas que melhor se adequam às suas necessidades. Os activos de infra-estruturas em fases iniciais de construção tendem a ter um risco mais elevado, um maior potencial de crescimento e rendimentos mais baixos, pelo que podem ser mais adequados para investidores mais jovens ou mais tolerantes ao risco. Os activos de infra-estruturas mais maduros tendem a ter um crescimento menor e rendimentos muito elevados, o que é preferido pelos investidores que procuram um rendimento estável a longo prazo, como os reformados.

Os investimentos em infra-estruturas têm sido tradicionalmente o domínio de grandes empresas e consórcios. No entanto, com o rápido aumento do número de investimentos em infra-estruturas cotadas em bolsa desde meados da década de 90, os activos de infra-estruturas são cada vez mais detidos por investidores privados atraídos pelas caraterísticas defensivas do sector. A correlação relativamente baixa do sector das infra-estruturas com os investimentos em acções mais tradicionais também significa que a sua inclusão numa carteira de acções ajuda a diversificá-la.

## 4.2 Etapas para a identificação dos riscos

O objetivo de estabelecer o contexto para a avaliação do risco é preparar o terreno para a identificação do risco (Universidade de Vermont, 2012; Instituto de Auditores Internos, 2009); Gestão do Risco, 2009).

### Etapa 1: Definir o contexto

Uma vez que o "risco" é definido como "qualquer problema (positivo ou negativo) que pode afetar a capacidade de uma organização para atingir os seus objectivos", a definição dos objectivos da organização é uma condição prévia para a identificação dos riscos.

### Etapa 2: Identificação dos riscos

O objetivo da etapa de identificação dos riscos é "criar uma lista exaustiva de riscos com base nos eventos que podem criar, melhorar, prevenir, piorar, acelerar ou atrasar a realização dos objectivos".

Coisas a considerar

- Seja o mais exaustivo possível nesta fase - descubra tudo o que puder.
- Identificação de acontecimentos positivos susceptíveis de impulsionar os objectivos estratégicos (oportunidades) e de acontecimentos negativos susceptíveis de impulsionar os objectivos estratégicos (riscos).
- acontecimentos que podem impedir a realização destes objectivos (riscos).
- Considerar os riscos e as oportunidades, independentemente de estarem ou não "sob o seu controlo".

- Considerar os riscos associados ao facto de não aproveitar uma oportunidade.
- Pense nos riscos e oportunidades conexos, bem como nos efeitos em cascata ou cumulativos.
- Envolver as pessoas mais conhecedoras.
- Utilize as informações mais importantes e actualizadas de que dispõe.

Perguntas que estimulam a reflexão e o debate

1. O que poderá ter um impacto positivo ou negativo na capacidade da instituição ou da sua divisão para atingir ou cumprir os seus objectivos estratégicos, iniciativas ou funções-chave? Quais são as incertezas com que se depara?
2. Que riscos ou oportunidades poderão surgir para a sua área ou instituição?
   a. Conformidade e proteção de dados
   b. Finanças
   c. Saúde, segurança ou responsabilidade legal
   d. Capital humano
   e. Funcionamento
   f. Reputação
   g. Questões estratégicas
3. Quais são os pontos fortes, os pontos fracos, as ameaças e as oportunidades da sua região?
4. Ocorreram recentemente alterações importantes no seu domínio de responsabilidade ou de controlo (nova regulamentação, novos programas/actividades, alterações organizacionais, etc.) que apresentem novos riscos ou oportunidades?
5. Existem programas, actividades, controlos internos ou questões jurídicas/regulamentares específicos na sua área que o preocupem ou que considere susceptíveis de representar um risco significativo para a sua unidade ou para a instituição?

**Etapa 3: Análise de risco**

O objetivo da análise de risco é desenvolver uma compreensão do risco ou oportunidade para apoiar a sua avaliação e decisão sobre a necessidade de uma resposta. Neste ponto, avaliará o potencial impacto e a probabilidade dos riscos e oportunidades.

**Etapas 4 e 5: Avaliação dos riscos e resposta**

O objetivo das etapas de avaliação do risco e de resposta é decidir, com base nos resultados da sua análise do risco, quais os riscos e oportunidades que exigem uma resposta e qual a resposta que recomenda.

**Referências**

Instituto de Auditores Internos (2009). Documento de posição do IIA: The Role of Internal Audit in Enterprise Risk Management. Publicado em janeiro de 2009.

Universidade de Vermont (2012) Guia de Avaliação de Riscos e Resposta, Relatório

# Índice

**CAPÍTULO 1** ............................ 4
**CAPÍTULO 2** .......................... 22
**CAPÍTULO 3** .......................... 33
**CAPÍTULO 4** .......................... 43

Printed by Books on Demand GmbH, Norderstedt / Germany